幸せをつかむ60代からの生き方

岡野誠一

はじめに

「頑固親父」という言葉から昭和の臭いがします。今は死語になりつつあります。老いては妻に従わないと夫婦生活は崩壊し孤独な道を歩まなくてはなりません。

かつて妻は夫の従属物くらいにしか考えられていませんでした。文句を言うと殴られどなられ顔が腫《は》れることもありました。しかし、今は違います。熟年離婚を考え夫から取れるだけ取って自由に生きる道を選ぶ方もいます。

昭和が終わり平成、令和になり女性を支援する法律もいくつかできました。年金分割法が施行され妻も離婚後、夫の年金の一部をもらうことができる（但し、夫が国民年金加入者ならもらえない）。相続でも配偶者居住権が設定できるようになり、夫が亡くなっても妻は一緒に住んでいた家に住み続けられます。

一方、日本は世界一の長寿国となっても素直に喜べない。認知症が5人に1人となり、不健康期間（日常生活で人の世話になる期間）は女性約12年間、男性約9年間ある。介護施設の入居費も一ヶ月20万円以上かかり、老後の資金が２０００万円ないと年金だけでは老老介護で共倒れの危機になることもあるといわれています。

本書は今日の高齢化で身近に起こるさまざまなテーマを取りあげました。それぞれのテーマは時代と共に大きく変化してきました。私が初出版したときはこうあるべきと考えたことがらが常識の変化に伴い通じなくなることが多々あります。妻からも古い、かたいと言われました。最近の新しい動向をみて私自身常識を疑うことが必要だと理解して書きました。

私は75歳で舌がん手術と放射線治療をしました。その後体重は戻らず、なんでも食べられたのに今は舌が半分ないため食べられるものが少なく、お酒（医学書ではダメ）もやめました。発声練習を毎日していますが「つ、ち」などいくつかはしっかり発音できません。それでもボランティアの出前講座は再開しました。突然命の危険に遭遇し、不自由な身体と向き合いながら余生はそう長くないと思い、これからどう生きていけばよいか考えています。

私は40代後半に2年間青森で単身赴任をし、八甲田山、岩木山に何回か登りました。登山道を定められたとおり登ると道に迷うことなく頂上にたどりつきます。しかし、人の一生は登山道のように定められた生き方はできません。人はいつ、どこで、どんなことで悩み、苦しみ、悲しみと出会うかわかりません。そのときそのときに障害物を取り除きながら頂上をめざして登っていくのです。喜びや楽しみはそのあとに少しだけやってきてくれます。

本書は障害物の多い山道をどうすれば頂上にたどりつけるかの道しるべを問いかけました。人の生き方は１００人いれば１００通り登る道があります。登山道の一合目はゆるやかな道でも、二合目からは細く曲がりくねった道が多く急峻《きゅうしゅん》な傾斜の多い岩もあったりうっそうと茂っている薄暗い道なき道をたくさん登りながら頂上に向って登るのです。それは人生という道と似ています。

本書の第11章老後の心得十訓は、私に課した命題です。これから少しずつ実行していきます。

幸せとは何でしょうか。これこれですと形式や一定のルール（条件）などありません。正答もありません。一人ひとりの考えで決めてよいのです。自分の病気が早く治ればそれが幸せ。配偶者と二泊三日の旅行に行くことが幸せ。大欲がなく日常の小さな喜びに接するだけで幸せと思ってよいのです。

読者の皆様が幸せをたくさんつかみ心豊かな日々を過ごせますことを願っています。

岡野誠一

目次

第1章　世界一の長寿は嬉しい、でも不健康期間が長い

1　日本人の平均寿命　女性世界一位、男性三位

(1)　日本人の平均寿命　男性81・47歳、女性87・57歳

日本人の平均寿命は男性81・47歳、女性87・57歳となりました。（２０２１年）世界各国と比べると、女性は一位、二位韓国86・５歳です。男性の世界一位はスイス81・６歳、二位ノルウェー81・59歳で日本は三位です。

平均寿命とは、その年に生まれた０歳児が平均何歳まで生きられるかを予測した数値です。戦後の１９４７（昭和22）年は、男性50歳、女性53・96歳でした。74年で男性31歳、女性33歳伸びました。

これは日本が早くから皆保険制度を導入し国民平等に最新の医療技術を受診できたこと、予防接種、健康診断など健康作りに国が積極的に普及推進したためです。

国立社会保障・人口問題研究所の将来予測をみると、２０５０年には女性90歳、男性84歳まで伸びると予測しています。

(2) 日本の高齢化率28・7%で世界一早い

総務省が敬老の日に発表した65歳以上の高齢者は3617万人で過去最多を更新しました(2020年)。総人口に占める割合は28・7%で3・5人に1人です。

世界各国とその国の総人口に占める65歳以上の割合(2019年)は、日本は世界一位28・4%、二位イタリア23%、三位ポルトガル22・4%で日本が世界一早く高齢化が進んでいます。

日本は高齢化と少子化が同時に進んでいます。このためさまざまな国難が生じてきます。働き手が少ないため国の税収は減少し経済成長は望めない。年金、介護、医療、子育てなど社会保障予算も多くは望めない。地方自治体は2040年には半分の自治体が消滅危機になると予測されています。

買物難民、介護難民、医療難民、鉄道廃線、商店街のシャッター化、自治体の各種サービスの低下、空家屋、空農地の拡大など高齢化少子化で暮らしが激変し負の破綻に向っています。

少子化対策は出生率の向上を図る必要があります。ヨーロッパの成功例を参考に取り入れてほしいです。過疎化対策は10年以上前から各自治体で取り組んでいます。働く場作り、子育て支援をしている成功例がありますので見習っていただきたいです。

2　不健康期間は男性9年、女性12年

(1)　健康寿命は男性72歳、女性75歳

健康寿命とは、健康上の問題で日常生活が制限されることなく生活できる期間のことです。２０１９年の日本人の健康寿命は、男性72・68歳、女性75・38歳です（健康寿命は毎年公表していない）。

２０２１年の平均寿命は男性81・47歳、女性87・57歳で健康寿命との差は、男性約9年、女性約12年あります。この9年、12年の期間は、日常生活で介護などの世話を受けなければならない不健康な期間となります。

(2)　不健康期間が長くなるとどんな問題が起きるのか

①老老介護で共倒れとなる
②子供は親の介護で仕事を辞めざるを得なくなり生活が苦しくなる

③高額の介護施設の入居費用に苦労する
④女性は自分の両親と義父母の介護をすることになり嫁姑の争いが起きる
⑤40代で一家の長が若年性認知症や大きな病気になると家庭生活が困窮する

右のテーマはどれも簡単に解決できません。本書でもいくつかを後述します。

第2章　飢餓から飽食への危機

1　満腹感は命を縮める

(1)　世界の20億人が2025年までに肥満か過体重になる

世界肥満連合（ＷＯＦ）の発表（２０２１年４月）によると、世界的に肥満や過体重が急増し、１９７５年からほぼ3倍に増えた。２０１６年時点でＢＭＩ（体格指数）が25以上30未満の過体重の成人の数は、世界で13億９００万人、ＢＭＩ30以上の肥満の成人の数は６億７１００万人に上る。今後有効な対策をしないと２０２５年までに世界の成人の５人に１人（約20億人）が肥満になる可能性がある。うち、３分の１はＢＭＩ35以上で医学的な介入が必要な高度の肥満です。

日本人の肥満の割合は、ＢＭＩ25以上は男性31・３％、女性20・６％です（２０１６年国民健康調査）。

（注）ＢＭＩとは体重（kg）を身長（m）の二乗で割り（体重を身長で2回割り）計算します。例えば身長１７０㎝、体重75kgの人は、75÷1.7÷1.7＝25・95でＢＭＩ26です。

(2) 肥満になるとどんな病気になるか

体内に脂肪が過剰にたまった場合を肥満と呼び、これによって体に異常をきたした場合を肥満症といいます。たんに体重が多いだけでは肥満症とはいわず、体重が多いために血圧が上がったり糖尿病や高脂血症などの病気が起こる状態を肥満症といいます。

肥満になるといろいろな合併症が起きます。主なものは糖尿病、高血圧症、高脂血症、痛風、心筋梗塞、狭心症、脂肪肝、膝関節炎、睡眠時無呼吸症候群、月経異常、がん関係では子宮がん、大腸がんなどです。

(3) 肥満を予防するにはどうすればよいか

日本肥満症予防学会では次のような提言をしています。

A　食生活を見直す

①夜間食べ過ぎないようにする

②一日3食規則正しく食べる

③ゆっくりよく噛んで食事に時間をかける

④栄養の偏りなくバランス良く食べる
⑤アルコールは適量に

B　運動習慣、日常生活を見直す

歩行、家事などの日常活動のほか、普段からエレベーターを使わないなど、なるべく乗り物に乗らずに歩くなどの習慣を増やすことで肥満改善の効果が望めます。

心あたりのある高齢者は是非実行して楽しい余生をお過ごしください。

2　高齢者は低栄養に気をつけよ

高齢者の多くは「食べることが一番の楽しみ」です。65歳以上の高齢者で低栄養状態にある人の割合は17・8％、6人に1人います（2016年国民健康・栄養調査）。

(1)　低栄養になれば身体や健康にどんな影響があるか

①筋肉量、筋力の低下により転倒しやすく骨折などを引き起こす。
②免疫や体力などの低下により風邪などの感染症にかかりやすくなったり、認知機能の低下により寝たきり状態や介護の世話になる。

このような影響の原因は、高齢になれば食事を満足に食べられない、料理を作れないなどいくつかの事情があるからです。

(2)　低栄養にならないためどうすればよいか

日本応用老年学会理事長柴田博先生は、次の提言をしています。

①三食をバランスよく食べる
②動物性たんぱく質を十分とる
③魚と肉の摂取量は一対一とする
④油脂類を十分に摂取する
⑤牛乳を毎日飲む
⑥緑黄色野菜や根菜など多種類の野菜を十分取り入れる
⑦食欲のない時はおかずを先に食べご飯を残す
⑧酢、香辛料、香り野菜を十分取り入れる
⑨和風、中華、洋風とさまざまな料理を取り入れる
⑩かむ力を維持するため義歯は定期的に検査を受ける

料理のできない人はコンビニの弁当や宅配弁当を利用し低栄養にならないようにしてください。

3　酒は百薬の長、過飲酒は元の木阿弥《もくあみ》

世界で初めて飲まれたお酒はワインです。紀元前4000年頃にメソポタミア地方（西アジア）のシュメール人が飲んでいたといわれています。日本酒は8世紀頃（奈良時代）に製造方法が確立されました。ワインは16世紀中頃、ビールは18世紀、ウィスキーは19世紀中頃に日本に伝わったとされています。

（1）お酒は百薬の長ばかりでなく過飲酒で身体に悪い

お酒は昔から百薬の長といわれています。ストレス発散や血行を良くしたりコミュニケーションに役立つ。しかし、長年多量にお酒を摂取すると身体に悪い影響を与えます。主な病気は高血圧（将来、心疾患、脳血管疾患）脂肪肝、膵炎、肝炎、肝硬変、食道静脈瘤、アルコール依存症、急性アルコール中毒、がん（口腔、食道、咽頭、大腸、乳がん）などです。これらの病気は急性アルコール中毒以外は徐々にやってきます。

(2) お酒の適量はどのくらいか

お酒を飲んで酔うのはアルコールが脳の神経細胞に作用し麻痺させるためです。一般的には体重60~70kgの方は純アルコール約5g分解するのに1時間ほどかかります。

公益社団法人アルコール健康医学協会では次のように適量を定めています。ビール中びん1本、日本酒1合、焼酎0・6合、ウィスキーダブル1杯、ワイン4分の一本、缶チューハイ1・5缶です。

なお、高齢者の方には週一回休肝日をつくることをおすすめします。お酒は百薬の長といわれていますので適量を守って老後を楽しんでください。

4　タバコは百害あって一利なし

タバコは7世紀のマヤ文明の人たちが吸ったのが最初といわれています。日本にはポルトガル人が鉄砲とともに持ち込みました。江戸時代に各地に広まったようです。1900（明治33）年には、明治政府が満20歳未満の喫煙を禁止するため「未成年者喫煙禁止法」が施行されました。

(1)　タバコは健康に害がある

どの医学書にもタバコは百害あって一利なしと書いています。それでも吸う人は、あの一服がストレス解消ということで止められません。タバコの身体の害は、

①がん疾患（食道、腎臓、咽頭、口腔、肺、膵臓、胃、膀胱、子宮、白血病など）
②循環器疾患（腹部大動脈瘤、動脈硬化、脳血管疾患など）
③呼吸器疾患（肺炎など）たくさんあります。タバコの健康への害は、喫煙者以外の人が煙を吸うことで受動喫煙の害もあります。このため人が集まる場所は厳しく規制されるようになりました。路上禁止区域もあります。タバコを吸う人は肩身の狭い思い

をすることになりましたが、それでも止められません。

(2) 高齢者はどうすればタバコを止められるか

おそらく現役のときから吸っていた人は定年になったから止めるという人は少ないように感じます。逆に家でいつでも吸うことができると思う人のほうが多いのではないでしょうか。そこで私から次の提言をしたいです。

①妻に受動喫煙にならないよう外で吸う。

②医師からタバコを止めよといわれたら禁煙する。

5　美味しい人生は80歳20本

人の歯は28本あります。また、歯には寿命があります。手入れ、性別、食事などによりますが、歯の寿命は50年から60年といわれています。

(1)　8020運動とは

８０２０（ハチ・マル・ニイ・マル）運動とは、「80歳になっても自分の歯を20本以上保とう」という運動です。１９８９年厚生省がキャンペーンを始めたときの日本人の平均寿命は、男性75・95歳、女性81・８歳でした。当時80歳で20本以上自分の歯がある人は10人に１人、約10％でした。27年後の２０１６年には75歳から84歳の51％が20本以上あることがわかりました。なお、自分の歯が20本以上なくても、義歯などを入れて食事ができる人は健康状態が良好であることがわかっています。

(2) 高齢者はどのようにして歯の寿命を伸ばせばよいか

①定期的に歯科医の検査を受ける
高齢になると入れ歯やクラウン（冠）を装着された人が多い。定期的に検査をする。

②口腔ケアをきちんとする
食後に歯磨き、歯間ブラシなどでケアをする。入れ歯の人は入れ歯の清掃と義歯用洗浄剤で消毒をする。

③食事の見直し
食事がかたよった人は歯の寿命に影響がある。高齢の人はバランスのとれた食事をとること。食後に必ず歯磨きをすること。

私事ですが、働いていたときは朝は忙しいため食後ほんの二分位、昼食後はなにもせず、帰宅して寝るときに二分位しか歯磨きをしなかった。その結果入れ歯に世話になっています。

第3章　足から衰える、歩け歩けで病は遠のく

1　一日8000歩で生活習慣病は予防できる

(1)　中之条町での15年以上の奇跡の研究

群馬県中之条町の65歳以上の住民を対象とした15年以上にわたる研究があります。青柳幸利博士（東京都健康長寿医療センター運動科学研究室長、中之条町生まれ）が、2000年から行っている高齢者の日常的な身体活動と心身の健康に関する研究です。65歳以上の全住民約5000人を対象に運動や身体活動、食生活、睡眠、労働、病気の有無などを調査しました。そのうち、2000人に対しては詳細な血液検査や遺伝子解析を行いました。さらに500人には一年間身体活動計（歩数と速歩《はやある》き時間を計測）を入浴時以外は身体につけてもらい、一日24時間、一年365日の身体活動の実態を調査しました。その結果、生活習慣、病気などさまざまな病気の予防に必要な「歩数」と「速歩き（中程度の活動）時間」を導き出しました。

(2) 中之条研究で得られた成果

中之条研究の最大の成果は、別表のとおり健康維持や病気予防、さらに健康寿命の延伸には、その人の体力に応じた速歩き運動が欠かせないということを明確にしました。

その具体的基準は、年間を通して「平均一日8000歩、速歩き運動20分」が日安です。なお、日常生活で散歩、買物などの歩数も含まれます。速歩きについては、運動をきちんとするのでなく中程度の活動（仕事、掃除など）を20分できている人は病気になりにくいということです。

この研究成果は、65歳以上の高齢者に限らず一般成人にも同様に考えられます。

1年の1日平均の身体活動からわかる、予防できる病気一覧

歩　数	中程度の運動時間	予防できる病気
2,000	0	寝たきり
4,000	5	うつ病
5,000	7.5	要支援・要介護、認知症、心疾患、脳卒中
7,000	15	ガン、動脈硬化、骨粗しょう症、骨折
7,500	17.5	筋減少症、体力の低下
8,000	20	高血圧症、糖尿病、脂質異常症、メタボ(75歳以上)
9,000	25	高血圧(正常高値血圧)、高血糖
10,000	30	メタボリックシンドローム(75歳未満)
12,000	40	肥満
※12,000歩(中程度40分)以上の運動は、健康を害することも…		

(注) 20の病気・病態について調査

2　ラジオ体操は究極の運動

(1)　ラジオ体操はみんなが参加できる体操

毎朝6時30分からNHKラジオが放送している「ラジオ体操第一」は1951年5月、「ラジオ体操第二」は翌年1952年6月から始まりました。

ラジオ体操はNHKのほか学校、会社、工場などで広く実施されています。また、全国各地域の集会所、神社、寺院などの広場でも放送を聞きながら実施しています。夏休みには子供や大人も各地で行っています。年齢に関係なく参加できるのがラジオ体操です。私たち夫婦も仕事を辞めてから毎朝自宅でやっています。10分間ですが今日もがんばろうと力をもらっています。

(2)　ラジオ体操は究極の体操

ラジオ体操は10分間の体操ですが、ラジオ体操第一も第二もそれぞれ13の運動に細分されています。ラジオ体操は立位でも座位でもできるので自分の体調に合わせてやってくださ い。全身を使った動きで上肢、下肢の動きがあります。また前屈、後屈、ひねり、屈伸などさまざまな関節運動があります。朝早く運動するので、高齢者の方は急に力を入れたりせずゆったりやっても効果はあります。26のパターンがありますので肩こりの改善、全身の血行が良くなるなどの効果があります。腰痛がひどい、足腰が痛いときはイスに座って痛みのない程度の動きでやってください。

(3) テレビ体操も全身運動

NHKはラジオ体操のほかテレビ体操も行っています。テレビをみながらできますので高齢の方にはよくわかると思います。無理をせず長く続けて老後を元気に過ごしてください。

3　家事労働は立派な運動

アメリカの医学の学会誌（Journal of the American Geriatrics Society）で発表された研究論文があります。

この研究は66歳から99歳の６０００人の女性が参加しています。専門家がスマートウォッチを使って、女性たちの一週間の運動状況を記録し、その3年後の体の状態に関する研究を行いました。女性たちは部屋の掃除、食器洗い、調理などで毎日軽く体を動かす運動を行った人は、ほとんど動かず椅子に座りっぱなしの人よりも死亡率が12％低下することが分かりました。このように家事は寿命を伸ばし家事であっても運動です。

また、家事をやることで老化の予防と脳の活性化にもなります。特に食事のメニューを考え調理することは頭脳がしっかりしていないとできません。例えば、肉じゃが、筑前煮など若いときに何度も作っていた料理でも、どのような食材を買い、調味料、煮る時間などいろいろと考えることになります。

主婦が食料品の買物をする場合、店内の売場ごとに品定めして安いか、品質はどうか目利きして購入し往復荷物を持って歩くか自転車で買物をする。

掃除も部屋数が多いとなかなか大変です。子供がいなくても食堂、台所、居間、寝室、トイレ、風呂などは毎日でなくても手抜きはできない。また、庭のある家などは季節ごとの花を楽しむため、草むしり、花の手入れ、水やりなど世話をしないといけない。

家事は調理、片付け、掃除、洗濯、食料品の買物、町内のつき合いなどいくつもあります。日本人の専業主婦の一日の歩行量は、ある調査では一日約５０００歩でした。家事も立派な運動です。

第4章　定年後は第二の人生、自由を謳歌しよう

1　趣味を見つけてライフワークを楽しもう

(1)　男性も定年後少し休養したら好きなことを見つけよう

男性の多くは仕事こそ男の生きがいと考える人が多い。定年まで十分働いた、妻子を養い父親の義務を果たした。これからはペコペコせず自由気ままに暮らすと妻に宣言。翌日からゆっくり起き新聞、テレビ、散歩、昼寝などで夕食は現役と同じ酒付き膳。さて今日は何をするか悩みます。会社や取引先へ退職の挨拶状を発送したら、是非第二の人生を楽しんでほしい。若い時やっていたギター、カメラでもよい。好きなものを見つけて余生を過ごしてください。

(2)　公民館は安いし仲間が作れる

定年後お金に不自由しない人は非常に少ない。年金は思っているほどでないからです。私は各自治体の公民館（名称はいろいろ）をおすすめします。各公民館には趣味の会がいろいろあります。ダンス、ヨガ、太極拳、パソコン、コーラス、カラオケなど多くの趣味の会があります。利用料金も民間と比べると格安です。新しい仲間も見つかります。孤独にならず第二の人生を謳歌してください。

(3) 私の趣味の会

私は50代後半まで家族サービスをしなかったので、休日に料理を作ろうと月一回の男の料理クラブに入会しました。管理栄養士の佐藤春香先生と先生のお母さん（故人）に料理の楽しさを教わり、今も続けています。たくさんの仲間に出会い活力をいただいています。

2　起業は事前準備で成否が決まる

私の経験ですが、50代前半に後進に道をゆずる（肩たたき）ため公務員を退職。退職後公益法人の設立から経営スタッフとして65歳まで勤めました。事業内容は国内及びアメリカの研究機関への研究支援、技術支援です。社員は外国人も含め研究者、技術者です。アラスカ大学内に駐在員事務所を置き、同大に出向き何度か交渉しました。アメリカ国税庁へ税務申告など未経験の業務に苦心しました。売上げの変動が激しく銀行借入れ、経費削減など経営の厳しさに直面しました。今回のテーマは定年後の起業ですので私の経験と類似するところもあります。

多くの定年退職者の起業は、50代頃から定年になったらこういう業種でやろうと目標を立てています。早くからの事前準備が成功のカギとなります。

(1)　どんな業種で起業すると成功するか

あなたがやりたい業種はなにか、スキル（知識、技能）や人脈を活かす業種はなにかを考えて起業してください。

(2) 場所、スタッフ、資金などはどうするか

今回は飲食業の起業を考えます。

①飲食業ならば場所選定が重要です。休日と平日の人の出入りを調査して決める。

②スタッフは開店時は本人とパートで始め売上げが伸びれば増員を考える。

③開業資金は退職金、貯金で借金は少なくする。

④事業資金と家計（年金）は別会計でやること。

⑤プロのお店で修業を積む（数ヶ月以上）。

ラーメン大好きで起業してもプロと同じ味を作れるスキルがないと成功は難しい。

どんな業種でも定年後の起業経営は甘くない。事前調査、ノウハウ、資金計画などが不十分なら失敗（倒産）します。

3　ボランティアはすばらしい社会貢献

(1)　ボランティア活動者は700万人超

ボランティア活動は個人の自主的な意思に基づく自主活動です。活動者個人の自己実現への欲求や社会意欲が満たされるだけでなく、地域への社会貢献として大きな意義があります。

ボランティア活動への参加を促進するため、都道府県、市区町村には社会福祉協議会ボランティアセンターがあります。全国で707万人、登録グループ1万9700グループがあります（2017年4月現在）。このほか登録していない各地の自治会（町内会）で活動している人や個人で活動している人を含めると相当な人が社会貢献をしています。

(2)　ボランティア活動は多種多様な活動

前述の社会福祉協議会の登録グループの主な活動事例をみると多種多様な活動です。

①高齢者、障害者を対象とした活動

寝たきりや一人暮らしの高齢者への食事サービス、見守り、訪問、交流の場作り、車イスなどの移動補助、点訳、朗読、手話など
②子どもや青少年等を対象とした活動
レクリエーション活動、スポーツ教室など
③災害で被災した方を支援する活動
被災地での活動（家屋の片づけ等対応）
④自然や環境を守る活動
森林や海辺での清掃、リサイクル活動など
⑤安心、安全なまちづくり
防災活動、防犯、交通安全など
⑥芸術、文化
美術館、博物館、伝統文化の継承普及など
⑦その他
子供食堂、路上生活者への支援など
ほかにも個人で自からの意思で、いろいろな社会貢献をしている人が大勢います。

4　学び直す人は生き方上手

(1)　60歳以上で学んでいる人は5割超

内閣府の「生涯学習に関する世論調査」によると、60歳から69歳で55％、70歳以上は42・5％がこの一年間に学習したことがあると回答しています。学習形式は公的機関の講座、図書館、民間の教室、テレビやインターネット、同好会のサークル活動などです。

(2)　自治体、放送大学、大学が実施している

①各自治体は公民館などで生涯学習講座を開催。毎年5月〜3月まで月一回、先着順で募集しています。

②放送大学は年2回募集し入学試験はなく書類審査のみ。2021年の60歳以上の在校生は2万3千人、全体の4分の1が60歳以上です。90代の方も学んでいます。

③各大学ではシニア向け公開講座（オープンカレッジ）を実施している大学が多いです。テストや面接などなく先着順で受付しています。

歌手の橋幸夫さん（78）は２０２２年４月に、京都芸術大学の通信教育課程の書画コースに入学しました。

皆さまも学びたいと意欲があれば挑戦してください。生きがいがみつかります。

(3) 私も72歳で再び明治大学で学ぶ

72歳のとき再度大学で学びたいと母校の明治大学を訪ね、社会人コースを知り入学し２年間通学しました。

商学部３年生４年生と一緒に、①中国政治経済論、②東南アジア政治経済論　③日本経済論　④公共経済学を学ばせていただきました。二年間学んだのちに本を出版し、各地で出前講座をするきっかけとなり私の生きがいとなりました。

第5章　年金だけで暮らせない、打ち出の小槌《こづち》はあるのか

1　日本の年金制度はどんな仕組みか

日本の年金制度は公的年金と私的年金で構成されています（別表参照）。

(1)　公的年金の仕組み

① 現役世代が支払った保険料を高齢者に給付する

現役世代が支払った保険料を仕送りのように高齢者の年金給付に充てるという「世代間の支え合い」という考え方（これを賦課《ふか》方式という）を基本とした財政方式で運営されています。

② 皆年金

日本では国民皆年金という特徴を持っています。満20歳になった全ての人が共通して加入する国民年金と、会社員等が加入する厚生年金などによる、いわゆる「2階建て」と呼ばれる構造になっています。

具体的には、自営業者、学生などは国民年金に加入し、毎月定額の保険料を自分で納めます（学生などは保険料免除）。また、会社員や公務員で厚生年金などに加入している人は、毎月定率の保険料を会社と折半で負担し、保険料は毎月の給料から天引きされます。会社員などの専業主婦で扶養されている人は厚生年金などで保険料を負担しているため、個人としては保険料を負担する必要はありません。

65歳になると老齢基礎年金（一階部分）を厚生年金などに加入している人はそれに加え老齢厚生年金（二階部分）を受け取ることができます。

(2) 私的年金

自営業者などの方には国民年金基金と確定拠出年金があります。会社員には厚生年金基金、企業年金、確定拠出年金、退職等年金給付などがあります。公的年金が少なく老後の生活にもう少し収入があれば安心と思う人は私的年金に加入することをおすすめします。

(3) 公的年金は安心できるか

公的年金はマクロ経済スライド（現役人口の減少や平均余命の伸び）に合わせて年金給

付水準を自動的に調整する仕組みで5年に一度検討することとしています。

　人生100年時代を迎えて、老後は公的年金で安心して暮らしができることを願っています。

日本の年金制度

<table>
<tr><td>3階部分</td><td rowspan="2">確定拠出年金 / 国民年金基金</td><td>厚生年金基金</td><td>企業年金</td><td>退職等年金給付</td><td>確定拠出年金</td><td rowspan="2"></td></tr>
<tr><td>2階部分</td><td colspan="4">厚生年金（老齢厚生年金）</td></tr>
<tr><td>1階部分</td><td colspan="6">国民年金（基礎年金）</td></tr>
<tr><td>対象者</td><td>自営業者学生など</td><td colspan="4">会社員、公務員など</td><td>専業主婦(夫)</td></tr>
</table>

（注）(1) 日本の公的年金は、国民年金と厚生年金の2階建て構造となっています。▒▒▒ 部分です。

(2) 企業が福祉厚生の一環として実施している企業年金や個人が任意に加入できる私的年金を合わせて、日本の年金を「3階建て」と呼ぶこともあります。

2　年金は思っているほど多くない

将来公的年金がいくらもらえるかは、高齢者ばかりでなく、現役世代の人たちにとっても重要な関心事です。

本テーマでは、国民年金、厚生年金の平均支給額を述べます。年金はどの年金に加入しているか、本人の納めた保険料、年数などによって受け取れる金額が個人で異なります。今回は厚生労働省が公表している支給額をみます。

(1)　国民年金

国民年金は、20歳から60歳まで40年間加入した場合、一年間で78万900円（2019年度）、月額6万5075円を受け取れます。40年より短い期間は減額されます。

(2)　厚生年金

厚生年金の平均支給月額は、14万4268円(2019年度)です。男性は16万4770円、女性は10万3159円です。

別表の支給額は、夫婦2人の平均年金支給額です。実際の皆さんの受給額とは差があります。「年金は少ない」と思う人は、現役世代から計画的に貯蓄、投資、私的年金などを考えていきます。老後生活をどうやりくりしていけばよいか、これからのことを真剣に考えていきましょう。

夫婦２人の平均年金支給額

世　帯	月　額
自営業（夫）＋専業主婦（妻）	112,565 円
会社員（夫）＋会社員（妻）	267,929 円
会社員（夫）＋専業主婦（妻）	218,469 円
専業主婦（夫）＋会社員（妻）	162,025 円

（注）2019 年度の平均額

3　高齢世帯の家計は毎月赤字

高齢者にとって老後を元気に安心して暮らすためには、「健康な体づくり」が重要です。そして、日々の暮らしに心配事のない「生活費の確保」です。

日本は年金制度が整備され20歳から全員年金に加入する義務があります。多くの高齢者は65歳から年金を受給されています。老後の家計の現状はどうなっているのでしょうか。

(1)　高齢者夫婦二人世帯の家計

総務省の家計調査（2018年）によると、別表のとおり高齢者二人世帯（夫65歳以上、妻60歳以上の無職世帯）の毎月の家計収支は、毎月4・2万円赤字でした。

家計で一番多い支出は食費6・5万円です。次に、諸雑費、交通通信費、交際費、教養・娯楽費です。おそらく定年後の家計の赤字分は、貯蓄から取り崩したやりくりで生活をしているのでしょう。

仮にこのままの生活状況で20年間暮らすとすれば、4・2万円×12月×20年で約1008万円、25年間暮らすと約1260万円ほど老後資金を準備する必要があります。

しかし、今後の老後生活には、介護、病気など予測できない支出があり、それ以上の資金を準備する必要があります。

高齢者２人世帯の家計

項　目	金　額
1. 収入合計 (A)	222,834 円
2. 支出合計 (B)	264,709 円
(1) 食料	65,319 円
(2) 交通・通信	28,071 円
(3) 教養・娯楽	24,239 円
(4) 光熱・水道	19,905 円
(5) 保険医療	15,181 円
(6) 住居	13,625 円
(7) 家具・家事用品	9,385 円
(8) 被服・履物	6,171 円
(9) 交際費	25,596 円
(10) 諸雑費	28,123 円
(11) (非消費支出) 税金、社会保険料	29,092 円
収入－支出 (A-B)	△ 41,873 円

（注）①総務省家計調査（2018 年）
②夫 65 歳以上、妻 60 歳以上の夫婦のみ無職世帯の生活費

4　老後のためいくら貯蓄しているか

多くの高齢者は年金だけでは暮らせないと考えている。おそらく日本の年金支給は65歳よりもっと延びる、手取りも減る。こう考えるのは少子高齢化で働き手が少なくなり財源が少なくなるためです。

(1)　貯蓄のない人は高齢者の15％

高齢者の世帯はいくら貯蓄しているか。国民生活基礎調査（別表）をみると、貯蓄のない世帯は約15％、１００万円未満と合わせると21・５％です。一方、１千万円以上貯蓄している世帯は33・６％です。２千万円以上貯蓄している世帯は18・５％です。

かつて老後資金２千万円必要と審議会から答申されたが受理されませんでした。現実には前述のように毎月家計は赤字であること、介護施設に入居すると毎月20万円はかかることで答申内容は正しいが表現が不適切であったからです。

高齢者世帯の貯蓄状況

貯蓄額	構成比
貯蓄額がない	15.1%
50万円	3.8%
50～100万円	2.6%
100～200万円	7.0%
200～300万円	5.0%
300～400万円	5.3%
400～500万円	2.5%
500～700万円	9.1%
700～1,000万円	5.2%
1,000～1,500万円	9.5%
1,500～2,000万円	5.6%
2,000～3,000万円	7.7%
3,000万円以上	10.8%
貯蓄あり額不詳	5.3%
不　詳	5.5%

（注）厚生労働省国民生活基礎調査（2016年）

(2) 老後の貯蓄は人それぞれの考えがある

老後資金はいくらあれば大丈夫か。2千万円あれば大丈夫という人もいるが、農地があるので野菜は自営でまかなう人もいる。自分はぜいたくをしないし子供もいないので葬儀費用があればよいという人もいる。

人からとやかく貯蓄しろと言われる必要はない。それぞれの人が老後の暮らし方は考えている。定年後世界一周の旅をしたいと若い時から貯金をした人は是非夢を実現してください。海の見える丘に自宅を建てのんびり暮らしたい人はそれを実現してください。

私は老後資金はその人の安心、安全な暮らしのためと、長年の夢を実現するために必要な資金と考えています。

貯蓄は人のためにするのでなく自分の老後のためにしてください。

5　赤字にならないヤリクリ術を考えよう

(1)　家計が苦しく非常に心配な人　9％

高齢者の暮らし向きについての調査（内閣府「高齢者の経済・生活環境に関する調査」2017年）をみると

①家計にゆとりがあり、まったく心配なく暮らしている　15％
②家計にあまりゆとりはないが、それほど心配なく暮らしている　49％
③家計にゆとりがなく、多少心配がある　26・8％
④家計が苦しく非常に心配　8・7％

この調査から暮らし向きにあまり心配しない人は約65％います。家計にゆとりがなく多少心配な人が約27％、苦しく非常に心配な人が約9％います。

(2)　家計が苦しいときのヤリクリ術はあるか

高齢者夫婦二人世帯は毎月平均約4万2千円の赤字でした。赤字にならないためどうすればよいか考えてみましょう。一例です。

①長生きするためタバコは止め、お酒の量を減らす。週一回休肝日を設ける。
②食料品の衝動買いはせずメモをみて買う。
③定年後は仕事のつき合いはない、小遣いを5割カットする。
④子供が独立したので生命保険を見直す。
⑤交際費は会社は止め親戚は値下げする。
⑥熱中症対策でエアコンは使うがこまめに電気を切る習慣にする。
⑦スマホは多機能より安く使いやすいものに切替え固定電話は止める。

家計を赤字にしないためには、働いていたときの暮らし方を改めなければなりません。長年の食生活を一気にレベルを落とすのは難しい。できればいろいろなことを少しずつ節約していく。貯蓄にはなるべく手をつけず年金のみの生活で暮らすことを考えてください。

6　年金の繰上げ繰下げはどちらが得か

(1)　年金を一ヶ月早めるとマイナス0・4％、一ヶ月遅らせるとプラス0・7％

２０２０年４月から年金制度の改正がありました。60歳から受け取ると24％（60ヵ月×0・4％）減額となります。但し、緩和の恩恵を受ける人は昭和37（１９６２）年４月２日以降に生まれた方です（それ以前の人は従前の５％）。

また、年金受給を60歳から70歳の範囲で選択できましたが、75歳まで繰下げが可能となりました。受給を一か月遅らせると0・7％増えるため、75歳で受け取ると65歳で受け取るより84％増額になります（繰下げは最低1年は繰下げなければならないので、原則66歳以降の受給となります）。

(2)　繰上げ繰下げのどちらが得か

人生１００年時代を迎えて男性も女性も平均寿命は延びました。しかし、健康寿命は男性72・68歳、女性75・38歳とそんなに伸びていません。

私は皆さんにこうしなさいと断言できません。決めるのはあなた自身で慎重に考えて決めてください。参考までに申しますと、貯蓄もあるし健康状態に不安はないと思う人は年金受給を繰下げてもよいのではないでしょうか。

一方、大病をした人、いつも過飲酒の人、喫煙者、肥満度の高い人など健康に不安がある人は年金の繰上げを選択するのもよいのではないでしょうか。

どちらにしても決断はあなたが慎重に熟慮のうえ決めてください。

7　日本の年金制度は世界の主要国とどう違うのか

厚生労働省が発表している別表の日本、アメリカ、イギリス、ドイツ、フランス、スウェーデンの6ヵ国の年金制度を考えてみましょう。

①被保険者は日本のみ全居住者で他国は無業者や一定の所得のある人に限定している。日本のみ皆年金制度は誇れること。他国は無業者や一定の収入以下の人を加入させない。

②保険料率は各国バラバラ

労使折半が三ヵ国、他の三ヵ国は本人より事業主負担を高率にしている。

③支給開始年齢は60代後半が多い

アメリカ、ドイツは67歳、イギリスは68歳まで引上げ予定。日本は65歳。

④最低加入期間はバラバラ

最低加入期間10年が三ヵ国、5年が一ヵ国、期間を決めていない国が二ヵ国。

⑥財政方式は各国とも賦課《ふか》方式

賦課方式とは現役世代が支払った保険料を高齢者の年金給付に充てるという世代間での支え合い（仕送り）という方式です。

（日本の課題）

各国とも年金制度はその国の財政、人口、社会保障の考え方で異なる。日本の課題は超高齢化と少子化が同時に進み、若者の減少で年金財政が危険な状況にあることです。いずれ年金開始年齢の延伸と支給額の減額をしないと賦課方式は崩壊する。このことをなるべく早く国民にわかりやすくていねいに説明することです。ほとんどの国民は詳細を知らない。仮に延伸も減額もしないならば財源をどうするか。消費税アップで補てんするなら何％アップになるか。少子化対策の遅れがあるが、国会議員に任せても良い知恵は出ない。若い人を参加させた年金改革審議会を早急に開催し活発な議論をし国民の合意を図かってほしい。年金を払う若い人の同意も必要です。

主要国の年金制度の国際比較

（※1）

	日本	アメリカ	英国	ドイツ（※2）	フランス（※2）	スウェーデン（※2）
制度体系	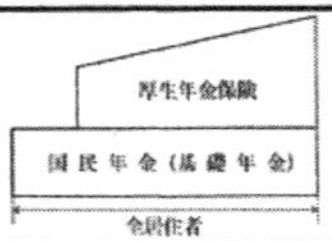	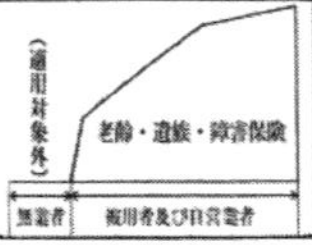		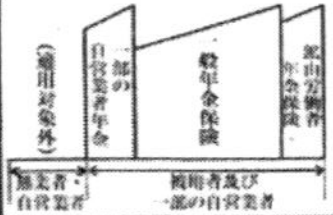	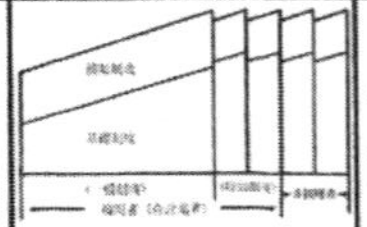	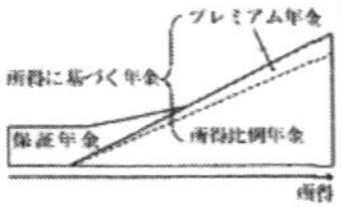
被保険者	全居住者	無業者を除き居住者は原則加入	一定以上の所得のある居住者	居住している被用者は原則加入 （注）医師、弁護士等の一部の自営業者も加入	無業者を除き居住者は原則加入	一定以上の所得のある居住者 （※3）
保険料率 （一般被用者の場合）	厚生年金保険 18.3%（労使折半） 国民年金 月額16,590円（定額）	12.4% （労使折半）	25.8%（※4） 〔本人　：12.0% 事業主：13.8%〕	18.6% （労使折半）	17.75%（※5） 〔本人：　7.30% 事業主：10.45%〕	17.21%（※6） 〔本人：　7.0% 事業主：10.21%〕
支給開始年齢 （※7）	厚生年金保険 ・男性：64歳 ・女性：62歳 （注）男性は2025年度までに、女性は2030年度までに65歳に引上げ予定 国民年金（基礎年金） 65歳	66歳 （注）2027年までに67歳に引上げ予定	66歳 （注）2028年までに67歳に引上げ予定 （注）2046年までに68歳に引上げ予定	65歳10か月 （注）2029年までに67歳に引上げ予定	満額拠出期間（※8）を満たす場合 62歳 満額拠出期間を満たさない場合 67歳	― （注）62歳以降本人が受給開始時期を選択 （注）2026年までに64歳に引上げ予定
最低加入期間	10年	40四半期 （10年相当）（※9）	10年	5年	なし	なし
財政方式	賦課方式	賦課方式	賦課方式	賦課方式	賦課方式	賦課方式 （注）プレミアム年金は積立方式

※1　2022年4月1日時点
※2　ドイツは一般年金保険、フランスは一般制度、スウェーデンは所得に基づく年金についての保険料率、支給開始年齢等をそれぞれ記載している。
※3　スウェーデンの保証年金は、低・無年金者に対して税財源により支給される制度である。支給開始年齢は65歳（2023年に66歳に引上げ予定）で、3年以上のEU諸国等（うち1年以上はスウェーデン）での居住又は就労が必要。
※4　英国の保険料は、失業給付等の年金以外の種類の給付にも充てるものとして徴収されている。また、保険料率は、所得等に応じて異なる料率となる場合がある。
※5　フランスの保険料率は、所得に応じて異なる料率となる場合がある。
※6　スウェーデンの保険料率は、老齢年金に充てるものとして徴収されている保険料の料率であり、遺族・障害年金の保険料については別途課せられ、事業主のみが負担する。
※7　上記の表における支給開始年齢とは、給付算定式で得られた額を増減額なく受け取ることができる年齢をいい、国によっては生年月日や職種等によって例外が設けられている場合がある。
※8　満額拠出期間とは、年金額の満額受給に必要な保険料拠出期間をいう。1958～60年生まれの者は41.9年（167四半期）であるが、段階的に延長されており、1973年生まれの者以降は43年（172四半期）となる。
※9　所定の保険料納付に応じて、1年につき最大4単位分の保険料記録が付与されるところ、老齢年金の受給には、40単位分（10年相当）の保険料記録が必要となっている。
資料出所：　各国政府の発表資料　ほか

第6章　認知症は5人に1人、予防できるのか

1　認知症患者2025年700万人

（1）　2025年に認知症患者5人に1人

厚生労働省の調査によると、2012年の認知症患者は約462万人でした。65歳以上の7人に1人でした。しかし、2025年には約700万人、5人に1人が認知症になるとのことです。

一方、WHO（世界保健機関）が公表した2015年の全世界の認知症患者は5千万人、毎年1千万人が増え続けています。

認知症になると日常生活に支障をきたし、本人はもちろんのこと家族や周囲にとっても厳しい苦悩の日々を過ごすことになります。家族とのトラブルも起き悲劇も起きます。

（2）　認知症はどうやって予防できるか

現在の医学では「こうすれば認知症にならない」という方策は確立していません。「どうすれば認知症になりにくいか」ということがわかってきました。医学書の要点を述べます。

①運動の習慣化

散歩、ウォーキングなど運動を習慣にする。

②家族や友人とのコミュニケーション

人と会話をし孤独にならない工夫をする。

③手や指や脳を使った知的活動

編み物、マージャン、将棋、日記をつける、新聞、本を読むなどを日課とする。

④バランスのよい食事と休養を十分とる

食事、睡眠など体調管理に気をつける。

⑤早期発見、早期治療

家族と周囲の人が言動がおかしいと思ったら早めに医師の診察を受け治療を始める。

認知症は誰しもがなる病気、早くみつけましょう。

2　日本の認知症はアルツハイマー型認知症7割

(1)　認知症にはいくつかのタイプがある

日本の認知症の主なものは、アルツハイマー型認知症が67％、血管性認知症が19・5％、レビー小体型認知症が約4・3％などです。

アルツハイマー型認知症は、新しく記憶したことを経験できずにすぐ忘れる。今日は何月何日か、昼か夜か、今いる場所、家族の顔などわからなくなる。さらに判断力、理解力が落ちて食事を作ること、おつりの計算もできなくなる。

また、認知症が進行すると、無関心、妄想、徘徊、興奮、暴力などが現れることがある。このタイプは女性に多い。家族の対応は否定しないで本人の話をよく聞くことです。「お金を盗られた」という妄想も本人にとっては現実にそう思っています。盗んでいないと反論しても相手に理解してもらえません。

（2） 母の介護体験

私たち夫婦も自宅で母の介護を経験しました。母が80歳のとき行動が変だと気づき、医師の診察を受けアルツハイマー型認知症と診断されました。子供も独立し一人で留守番は無理と思い、妻は56歳で教員を早期退職。症状が悪化して徘徊をするようになり、私も仕事の任期途中に辞め、65歳からふたりで自宅介護をしました。夜間は川の字になって母を真中に寝かせました。ときどき夜中にここはよその家だから自宅に帰ろうと言うので、家の周囲を一周して帰ると安心して寝ました。

当時川越市内の介護施設は要介護3でも一年以上待たないと介護施設に入居できませんでした。そのため日帰り介護サービスを受け、介護施設で最期を迎えました。94歳までお世話になり心から感謝申し上げます。

3　自分の介護は老老介護を覚悟せよ

老老介護とは、65歳以上の高齢者（夫また妻）を65歳以上の高齢者が介護している状態をいいます。

(1)　なぜ老老介護が増加しているのか

①不健康な期間が長い期間ある

第一章でも述べたが、平均寿命と健康寿命の差が女性12年、男性9年あるため。

②核家族化の増大

かつては祖父母、父母、子供、孫と四世代同居が多かった。今日では結婚すると夫婦二人で独立して暮らす。親と同居は10％位という。親が子供に介護してもらうことは難しくなった。

③介護施設は経済的負担で入居できない

要介護3以上でないと特別養護老人ホームに入居できない。入居しても毎月20万円かかるので経済的に払えないと自宅介護しかない。

(2) 老老介護の問題点

①肉体的精神的な過労とストレス

自宅介護は介護度により介護サービスを受けられます。平日はデイサービスで昼食、入浴など世話をしてくれる。夜間や休日は家族が世話をする。症状が悪化すると、夜間徘徊やオムツを勝手にはずして周囲を汚す。

②虐待

過労やストレスから介護者がうつ状態になり、要介護者への暴言や暴力などの虐待が起こる。

(3) どうすれば老老介護をうまくできるか

①身内に協力を頼む

近くにいる子供(子供の嫁も)に休日に手助けをしてもらう。

②自治体に相談する

経済的にきびしい場合は自治体に援助を求める。決して社会は困窮者を見放すことはしません。

第7章　がんは2人に1人の国民病、諦めたら治らない

1　日本人の死因「がん」が40年連続1位

厚生労働省の2020年の人口動態統計によると、死亡者総数は137万2648人（前年比8445人減）でした。このうち、別表のとおり死因1位は「がん」です。がんは1981年に1位になってから40年連続1位です。全死亡者に占める割合は27・6％です。全死亡者の3・6人に1人です。「心疾患」は1985年に「脳血管疾患」から変わり2位となり、その割合は15％です。「老衰」は1947年をピークに低下傾向が続いたが、2001年以降上昇し、2018年に「脳血管疾患」に変わり3位となりその割合は9・6％となりました。

2020年死因順位

順　位	死　因	割　合
1	がん（悪性新生物）	27.6%
2	心疾患	15.0%
3	老衰	9.6%
4	脳血管疾患	7.5%
5	肺炎	5.7%
6	誤嚥性肺炎	3.1%
7	不慮の事故	2.8%
8	腎不全	2.0%
9	アルツハイマー病	1.5%
10	認知症	1.5%
11	その他	23.7%

（注）2020年　人口動態統計

2　がんは2人に1人罹患し、死亡率は男性4人に1人、女性6人に1人

(1)　がんの罹患数は2人に1人

２０１８年に新たに「がん」と判断された人は98万８５６人（うち男性55万８８７４人、女性42万１９６４人（性別不詳で一致せず18人）でした。

日本人が一生のうちにがんと診断される確率は、２０１８年のデータをみると、

・男性65％（２人に１人）

・女性50・２％（２人に１人）です。

がんの罹患数の順位は別表のとおりです。男性の40歳以上では消化器系のがん（胃、大腸、肝臓）の罹患数が多く、70歳以上ではその割合は減少し、前立腺がんと肺がんが増加する。女性の40歳代では乳がん、子宮がん、卵巣がんの罹患数が多く、高齢になるとその割合は減少して消化器系がん（大腸、胃、肝臓）と肺がんが増加する。

がん罹患数の順位

順位	男女計	男性	女性
1	大腸	前立腺	乳房
2	胃	胃	大腸
3	肺	大腸	肺
4	乳房	肺	胃
5	前立腺	肝臓	子宮

（注）全国がん登録罹患データ（2018 年）

(2) がんの死亡率は男性4人に1人、女性6人に1人

２０１８年がんで死亡した人は37万６４２５人（男性22万３３９人、女性15万６０８６人）でした。

日本人が「がん」で死亡する確率は（２０１９年のデータ）

・男性26・７％（４人に１人）
・女性17・８％（６人に１人）です。

年齢による死亡傾向をみると、男性では40歳以上で消化器系がん（胃、大腸、肝臓）の死亡が多くを占めるが、70歳以上ではその割合は減少し、肺がんと前立腺がんの割合が増加する。

女性の40歳代では乳がん、子宮がん、卵巣がんが多くを占めるが、高齢になるほどその割合は減少し消化器系（大腸、胃）と肺がんが増加する。

がん死亡数の順位

順位	男女計	男性	女性
1	肺	肺	大腸
2	大腸	胃	肺
3	胃	大腸	膵臓
4	膵臓	膵臓	胃
5	肝臓	肝臓	乳房

（注）人口動態統計（2019 年）

3　がんの10年生存率は約6割

国立がん研究センターは別表のとおり２００５〜２００８年にがんと診断された人の10年後の生存率が全部位で58・９％であったと発表しました（２０２１年11月）。

全国のがんセンターなど32施設で診断、治療を受けた12万人のデータを集計しました。がんの部位別で生存率が低かったのは、膵臓がん（６・６％）、肝がん（17・６％）です。一方、最も高かったのは前立腺がん（99・２％）、乳がん（87・５％）、甲状腺がん（86・８％）です。

また、５年生存率は全部位で68・９％で、がんの部位別の傾向は10年生存率とほとんど同じです。

今回の結果は、多くの人が早期発見し早期に治療をすれば長生きできるということが示されています。医療技術は日進月歩です。多くの研究者が日夜研究しています。新しい治療薬も登場しています。治療中の皆さまに少しでも光明を与えられることを願っています。

がん死亡数の順位

部位別	5年 (2011～2013)	10年 (2005～2008)
全部位	68.9%	58.9%
前立腺がん	100.0	99.2
乳がん	93.2	87.5
甲状腺がん	93.0	86.8
子宮体がん	86.2	82.3
大腸がん	76.8	69.7
子宮頸がん	75.9	68.2
胃がん	75.4	67.3
卵巣がん	64.3	51.0
肺がん	47.5	33.6
胆嚢・胆管がん	28.7	19.8
肝がん	38.6	17.6
膵臓がん	12.1	6.6

（注）国立がん研究センター資料（　）内は診断年

4　がんの終末期は緩和ケアで心穏やかに

がんになるとさまざまな苦痛が伴います。がんの発生した部位によりその症状はいろいろあります。がん患部とその周囲の痛み、食欲の減退、呼吸の困難、不眠、全身に及ぶ倦怠感など、進行度合いに伴い身体への負担と苦痛は増大していきます。

緩和ケアはがんに伴う心身のつらさを和らげることができます。緩和ケアを受ける場所は「通院」「入院」「在宅」の三つに分けられます。

(1)　通院での緩和ケア

がん治療のために通っている病院で担当医または緩和ケア担当医や看護師、専門職から緩和ケアを受けることができます。

(2)　入院での緩和ケア

①がん病棟のために入院する病棟

がん治療によるつらさを和らげるため、専門の医師、看護師、専門職による支援を受けることができます。

②緩和ケア病棟（ホスピス、緩和ケア病棟）緩和ケアに特化した病棟です。がんを治す病棟（手術、薬物療法、放射線治療）ではなく、がんの進行に伴う身体のつらさに対する専門的な緩和ケアを受けます。一般病棟と異なりできるだけ日常生活に近い暮らしができるようになっています。共用のキッチンが設置されていることもあります。また、患者さん同志が集まってお茶会などもあり穏やかに過ごすこともできます。

(3)　在宅療養（自宅で受ける緩和ケア）

在宅療養には訪問診察、訪問看護、訪問入浴などがあります。がんの終末期には緩和ケアで心穏やかに過ごせるよう願っています。

5　私の舌がん闘病記

(1)　75歳で舌がんと告知された

75歳（2018年）7月1日朝食後、少し喉《のど》が痛いので口内炎と思い川越市内の耳鼻咽喉科を受診、カメラ検査後異状ないと言われる。その後、痛みがあるため歯科医院を受診したら、市内の埼玉医大歯科口腔外科で検査するよう指示。同大学で受診したら、当院では治療困難で同大学国際医療センター（日高市）で診察するよう指示された。

7月23日、妻と一緒に紹介状を持って埼玉医大国際医療センター（日高市）の頭頸《とうけい》部腫瘍《しゅよう》科林医師の診察を受けた。「舌がんです」と先生から言われ一瞬命が危ないと感じた。続いて手術は早い方がよい、いろいろ検査をするが手術は8月17日とする。次々に入院から検査日程まで決まる。そして、「大学はチームで対応するので大丈夫、これからは強い気持ちを持って生きればよい」と励ましの言葉を受けました。

病理検査の結果「舌がんのステージⅡの早期がん、舌右縁に25㎜大の病変あり、明らかな深部への浸潤は認められない。リンパ節の転移はない」と言われた。手術は約10時間かかる、舌半分を切除する、切除した部分に他の皮膚から移植形成する。手術は7人の先生で行い完全に治ると言われた。この言葉で心の奥にあった悩みは小さくなりました。よしがんと闘うぞと強い気持になりました。

(2) 手術入院37日間で無事帰宅

8月17日、妻子に励まされ8時に手術室へ、全身麻酔で15時まで7時間かかる。手術後先生から「手術は完全にできました」と言われ黙礼で御礼をする。その日からタンがでて苦しい日々が続く。全て筆談での会話です。

・手術後6日目、左下けい部（皮膚移植した部分）の管をはずす。筆談でなくあいうえおが小声で話せるようになる。
・手術後9日目、水を飲む練習をする。発声練習と軽い運動を始める。
・手術後11日目、初めて食事（ヨーグルト、ゼリー、ペースト状食事）をとる。19日目から普通のおかずとなる。
・手術後20日目、手術後の顕微鏡での病理検査でリンパ節にがんが転移しているのが判明（手術前は10㎜以下は不明）、退院後放射線治療をすることを告げられた。
・手術後35日目、入院37日、9月20日無事自宅に帰宅した。

(3) 放射線治療自宅通院で33回実施

10月14日から11月29日まで延33回の放射線治療を自宅から通院して終了。放射線の照射時間は数分で終わりますが、被爆を少なくするためお面をかぶり治療をします。放射線治療は生涯一回しかできないとのことで、今回は右側の首と舌の部位に限定して行いました。

(4) 退院後の定期検査

退院後二年間は3ヶ月に1回、その後4ヶ月に1回定期検査をしていますが、今のところ再発、転移はありません。

(5) 舌がん手術治療の感想

①手術、放射線治療への不安

手術による不安や苦しみ、だるさ、管を入れているときの不自由さ、放射線治療による手のふるえなどはありました。食欲減退や不眠はありませんでした。舌を右半分切除したため、味覚機能が異常で辛いもの、にがいもの、かたいものなどはダメで食べられるものが限られました。小さくして口に入れて食べるので時間がかかります。体重4kgは元に戻らず、プールで泳げなくなる（右腕を大きく回わせない）。今まで力仕事ができたのにできなくなる。また、発音も発声練習をしているが「せ、つ」などいくつかはよく話せない。出前講演はマイクとスクリーンでパワーポイントで説明し配布資料をするので続けています。いくつか日常の不自由は受入れています。

②病気についての医学情報の不足

入院中大学病院の図書館で舌がんについて調べ、舌がんは希少がんで10万人当たり男性21・6%、女性8・4%罹患する。原因は解明されていないが、飲酒、喫煙の多い人は危険、口腔の不衛生、むし歯や入れ歯による刺激なども危険因子といわれています。なぜ自分はがんになったかとあれこれ考え続けるが、そのことにこだわらず前向きに生きるほうがよいと思います。

③早期発見、早期治療

がんの発生原因はいつ、どうして起きるかは医学的にまだ解明されていません。ただ、過飲酒、喫煙、片寄った食事などは病気の一因になることまではわかっています。高齢者の皆さまは体調がおかしいと思ったら医師の診察を受けてください。早めに病気とわかればその後の命は長くなります。

第8章　夫婦、家族はいつ崩壊してもおかしくない

1　熟年離婚年間4万件　妻は我慢などしない

(1)　夫の定年を待って離婚を考えている

熟年離婚は法律用語ではありません。一般的には20年以上結婚した夫婦が離婚することをいいます。特に年金分割法の法律が施行されてからは、夫の定年までじっと我慢してきた妻が夫の年金の一部と退職金の一部をもらえる権利を利用できるので離婚する人が増えています。

２０１９年の離婚件数は20万８４８９件、うち20年以上同居のある熟年離婚は４万３９５件で約19％、５組に１件です。多くの原因は夫にあります。妻は我慢などしません。

(2)　熟年離婚したらいくらもらえるのか

①財産分与

よく財産分与というと、夫は親からたくさんの田畑を相続したので離婚したら妻もそれ相応もらえると考える人がいます。しかし親から相続でもらったので離婚しても妻はもらえません。

夫婦が結婚してから二人で築いた財産（共有財産）で、不動産、現預金、有価証券、自動車などです。通常は財産分与は夫婦2分の1平等です（スポーツ選手など特殊な技能者は除く）。

②退職金

退職金は結婚期間中に働いて支給された分は共有財産となります。夫が勤務した期間のうち、夫婦の結婚期間に対応する分を算出します。

③年金

結婚期間中に対応する厚生年金などの最高2分の1まで分割できます。夫が国民年金加入者ならば対象になりません。

④慰謝料

慰謝料は不貞行為（浮気、不倫）や暴力行為で認められればもらえます。性格の不一致で離婚した場合にはどちらか一方に責任があるという判断が困難であるため請求は認められていません。慰謝料は有名人が報道される浮気の代償○億円は別格（財産家の場合のみ）で、その人の社会的地位、経済状況、不貞期間などを勘案して決められます。一般的には数10万円から数百万円が多いです（裁判例です）。

なお、不貞行為、暴力行為を裁判で争う場合は、その行為の期間、回数、録音、メール、写真、医師の診断書（暴力行為）など立証しなければなりません。不貞行為はプロの探偵事務所に依頼するとよいです。離婚を決断するときは、離婚後の妻の生活に不安はないですか。住居は、生活費は、健康状態は、いろんなことを考えて決断してください。

2　浮気は元気な証拠、するならあとくされなくせよ

前テーマの熟年離婚は一年間約4万件、一日で約110件毎日離婚している。この件数の中には浮気が原因であることも多い。浮気は年齢に関係がないようです。

(1)　熟年がなぜ浮気に走るのか

①配偶者への恨み
夫が悪いケースが多い。夫の浮気、暴力、日頃から妻をお手伝いさん扱いをしているなど。妻は夫より優しい男性を知り深い仲になる。

②子供が独立し愛が枯れる
子供が独立した夫婦二人暮らし。夫は仕事でストレスが多く妻とのセックスに新鮮さがなくなり刺激を求める。妻は毎日一人で寂しく夕食、夫に尽くしているのに感謝のひと言がなく愛を求めて恋に走る。

③お金が自由に使える
定年近い夫は会社では管理職。部下の女性、取引先の女性などと打合せと称し密会を

楽しむ。

(2) 浮気は元気な証拠、するならあとくされなくせよ

①浮気のできる人は元気でお金がある

浮気はまず元気でないとできない。お金もかかる。配偶者にバレないようあとくされなくせよ。あとくされなくということはトラブルを起こさないということです。

②浮気から起こるトラブルは自分の責任で解決せよ

夫も妻も浮気の理由はいろいろある。浮気をするなら全て自分で責任を持つこと。もし配偶者に見つかったらどうしようとか、こちらは遊びと思ってセックスをしたが、相手はそれ以上を要求した。泥沼はきちんと自分で洗う覚悟（離婚か謝罪）を持つことです。

3　夫婦は片目をつぶれ、コップの争いと早く気づけ

(1)　定年後のある日の夫婦の会話

(夫)　なんで掃除がノロマなんだ。

(妻)　私も年を取ったの昔のようにはできない。

(夫)　この頃夕食の品が少ない、早く死ねということか。

(妻)　あなたは太り過ぎなので今のメニューでちょうどいいのよ。

(妻)　あなたは家にいていつもどなったり、文句ばかりいう。隣のご主人がうらやましい。

(夫)　俺を隣のだんなと比べるな、俺はオレだ。


夫が定年後家にいるので、妻の料理、買物、掃除などでいざこざが起き夫婦ケンカが多くなる。

(2)　片目をつぶりコップの争いと早く気づけ

定年後の長い夫婦生活をどうやって夫婦ケンカを小さくするか考えてみましょう。

①お互いに老化がやってきたと自覚する
妻は料理が上手なのにこの頃品数が少ないのは老化、夫がどなるのも老化です。
②夫は妻の買物、掃除などを手伝う
夫が手助けすることで妻は夫に感謝し仲良く暮らせるようになる。
③老後は年金収入だけで暮らすよう話し合う。年金は少ない。節約について話し合う。
④夫婦で外食、旅行を企画し楽しむ
一方が病気になったら夫婦で外出できない。
⑤子供への相続をどうするかよく話し合う
相続でもめないよう遺言書の準備をする。

家事のやり方などささいなことで夫婦ケンカはコップの争いと早く気づいてください。老化に伴ってお互いに小さなミスや手抜きなどは片目をつぶり、もっと二人にとって大切なことを話し合うことが大切です。幸せに仲良く暮らすことに気づいてください。

4　頑固親父は死語にせよ、介護で悲劇を生むこともある

(1)　頑固親父は死語にせよ

昭和の頑固親父の特徴は次のようです。

①　人の意見をよく聞かない
②　自分の意見が正しいと押し通す
③　プライドが高く人に自慢したがる
④　新しいことを受入れない
⑤　いばる、どなる、殴るなどをする
⑥　負けず嫌いで謝らない

令和になっても頑固な人は周囲から嫌われ孤独になると思います。

(2)　令和の高齢夫婦はどう向き合うとよいか

認知症は5人に1人、老老介護をしている夫婦は6割います（2019年）。介護施設

に入居できないので自宅介護をしています。前述の頑固親父の態度を取る夫には妻から厳しいお返しがくる。悲劇が生まれます。寝たきりや車イスの生活で不自由な身体であるので、妻の手助けでどのようにも夫を世話できるのです。食事は少ししか与えない、飲みものは規定の半分などいじわるい虐待に近い行動を受ける場合もあります。

頑固親父を介護する家族にはとてつもない苦労がつきまとっています。しかし、本人の変わろうとする心があれば解決の糸口がみつかります。高齢になり孤独の中で病気とたたかう家族に力を与えるものです。

私は高齢夫婦の日常生活で次のことを実行していただきたいと思います。

①相手を思いやる気持ちを持ち続ける

配偶者が今なにをしてもらいたいのか、どうすれば喜ばれるのか、気くばりと同じ意味かもしれませんが、いつも相手のことを思いやってほしいのです。ご縁があって一緒になったのです。

②助け合いの精神を忘れない

人はひとりでは生きていけません。夫婦になったらお互いに助け合って生活をすることでその喜びは倍になり、悲しみは半分になります。苦しいときこそ夫婦は助け合って暮らせば苦しみはどこかに去っていきます。

③相手の考えをよく聞き理解する

生まれた環境が違うのでお互いに考えが異なります。男と女の違いもあります。また、価値観を大切にしようという社会になりました。夫婦でも一つのことで相反する考えがあるため終日別室で過ごすこともあるでしょう。どうして考え方が違うのか、お互いに相手の考えを理解するよう努めてください。頑固親父は死語にして介護で悲劇が起きないよう願っています。

5　嫁と姑の争いはエネルギーの発散

国立社会保障・人口問題研究所が公表した夫の母親との同居率は13・2％でした。（２０１９年９月）年々減少しています。同居の方法も同一の家に一階は親夫婦、二階は息子夫婦という二世帯同居が多いです。

(1)　嫁姑の争いはエネルギーの発散

争いが起こる原因は次のことからです。

①生まれた環境が違うため
　生まれた家の地域、親の考え、経済状況、教育方針などが違うため。

②世代間の価値観が違うため
　お互いに生きてきた社会情勢が大きく異なる。昭和の古い世代と個人の価値観を重じる現在ではエネルギーの発散（自己主張）度合が大きく変化してきました。

(2) 嫁姑の具体的な争いはどういうことか

イ．姑が嫁に対して許せないこと

①私がこうよと教えても今は違うと反論

②嫁の子育てが厳しすぎて孫の成長が心配

③派手好みで家計や息子の小遣いが心配

④身体が弱っているのに無関心で声掛けがない

ロ．嫁が姑に対して許せないこと

①子供（孫）の育児にいちいち口を出す

②わが家のしきたりはこうだと命令する

③私に相談なく高価な品を子供に買う

④姑がくるたびに子供はまだと聞く

右のことは世代間のギャップ、考え方の相違から生じています。

(3)　嫁姑はどうすれば仲良く暮らせるか

嫁姑がお互いに心にあるエネルギーを発散することはよいことです。口に出さず腹にしまい込むほうがいつまでも憎しみは残ります。次のことを実行することで少しずつ仲良くなれると思います。

①お互いにあまり干渉せず距離をとる

二世帯住宅で同居している場合は、一日何度も会わず一日一回位会えたらよい。近くに住んでいるなら月一回位、遠方で旅費がかかるなら年二回位夫と出掛けるとよいです。

②お互いに良いところをみつけて褒《ほ》める

どんなことでもよいです。料理がうまい、片づけ上手など人から褒められたら嬉しい。

③感情的になりそうなら息子（夫）を介して話し合う

子育て方法はよくもめます。夫と一緒に姑には今はこういうやり方ですと話しをする。姑は息子と結婚してくれて嬉しかったという気持ちを持ち、嫁は経験豊かな姑から教わるという気持を持つ。お互いに理解し信頼することで幸せな家庭を築くことができます。

6　親は子に過大な期待を持つな、元気な便りが親孝行

(1)　子供に親の夢を押しつけるな

子供にはこんな人生を送ってほしい。自分にできなかったことを実現してほしいと親は子供に過大な期待をしてしまう。

(事例) 自分は高校三年間野球部で活躍。県大会で優勝（二位）できなかった。ぜひ子供には甲子園へ出場してほしい。そのためならあらゆるサポートをしてあげたい。このとき子供が野球大好きならしっかり応援してあげてください。でも子供が昆虫や植物には興味を持つが野球は好きになれない。子供には本人の興味のある道をぜひ応援していただきたい。本テーマでは、子供に親が過大な期待をせず、どのように接すればよいかを考えてみます。

(2)　親は子供から相談があれば応援する

①就職について子供が文学部を専攻し会社選びをどうするか相談にきた。本人は出版社

か新聞社への希望があるので、自分が知っている情報を教えあとは本人の選択に任せた。

②結婚の相手を紹介すると親に話しにきた。まずおめでとうと祝福し、いつ、どこで式をするかを聞き、結婚までの手順を教える。しかし、本人たちは家族、親族のみでやりたいとのことで了解しこうしたらよいと助言した。

③マイホームを購入すると相談にきた。マンションで20年ローンで購入するが500万円借りたいとのことで送金手続きをした。

子供は社会人となってからいくつもの困難に直面します。親の子育ての義務は終ったが社会人になっても子供からの相談がきたらできる範囲で応援してあげてください。

(3) 親は子供が元気であればよいと考えよう

子供が35歳になっても結婚する気配はない。親は幸せをつかむことは結婚することと考えてしょっちゅう早く結婚してと話す。しかし子供は結婚より独身のほうがよいと考えている。

現在の結婚観は大きく変化してきました。両親の夫婦仲や社会状況などをよく観察しています。幸せの価値観が時代とともに変革しているのです。仕事に生きがいを見つけている人、仕事をしながら趣味などで自由に暮らしたい人など多様な生き方を選ぶ人が増えています。結婚イコール幸せとは考えていません。

親は子供にこういう人生を送ってほしいと過大な期待をしないほうがよい。子供が一人の社会人としてどう生きていくかは自分で見つけて歩いて行くことがよいと思います。子供が元気でいる便りがあれば満足しませんか。「親はいなくても子は育つ」と言います。

第9章　老後の一人暮らしは孤独を楽しめ

1　高齢者世帯の5割は一人暮らしで700万人超

(1)　高齢者の一人暮らしは730万人

国民生活基礎調査（2019年）によると、65歳以上の一人暮らし世帯（単独世帯）は、736万9千世帯で高齢者世帯1487万8千世帯の49・5％、5割を占めています。65歳以上の一人暮らしの男女別割合は女性が65％、男性35％です。年齢構成をみると男性は65歳から74歳までの前期高齢者が約6割、女性は75歳以上の後期高齢者が約6割を占めています。

(2)　生涯未婚率は男性4人に1人、女性6人に1人

国勢調査によれば男性の生涯未婚率は、1985年3・9％から2020年25・7％、4人1人に、女性は4・3％から14・9％、6人に1人に増加しました。

国立社会保障・人口問題研究所の将来推計では、2040年には男性29・7％で約3割、女性18・7％で約2割を越えないと予測しています。

なぜ若い人が結婚をしたがらないかの調査（右の社会保障研、複数回答）をみると

	（男性）	（女性）
・適当な相手にめぐり会わない	45・3％	51・2％
・まだ必要性を感じない	29・5％	23・9％
・結婚資金が足りない	29・1％	17・5％
・自由さや気楽さを失いたくない	28・5％	31・2％
・趣味や娯楽を楽しみたい	19・4％	20・4％
・仕事に打ち込みたい	17・7％	17・1％
・異性とうまくつきあえない	14・3％	11・8％

若い人の価値観が変化しています。結婚したいができない人もいます。親が子になにをしてあげられるか考えてみてください。

2 親身に相談できる人は複数必要

自宅で一人暮らしをしている高齢者にどんな不安とリスクがあり、どう対応するか考えてみましょう。

(1) 高齢者の一人暮らしの不安とリスク

①病気への不安
65歳以上の認知症は5人に1人。食欲の低下、栄養のかたより、運動不足、足腰の痛みなどから病気への不安が生じます。

②消費者トラブル
オレオレ詐欺(特殊詐欺)は、65歳以上の被害者は1万4043件(2019年)全体の83%です。また、住宅の修理、トイレ修理など高齢者宅を訪ね強引な契約をする悪徳業者の被害も起きています。

③孤独の不安
東京23区内における孤独死は、2018年3882人です。また、60歳以上の自殺者は全国で2019年7953人います。

④財産管理、相続、葬儀など終活の心配

認知症になった一人暮らしの高齢者は、銀行の出し入れ、不動産の売買契約などできません。また、相続、葬儀、遺品整理、お墓など終活のいろいろな心配が起きます。

(2) 親身に相談できる人は複数必要

①子供、きょうだいで相談できる人

子供、きょうだいへ相談できるとよいです。

②民生委員に相談する

一人暮らしの悩みごとを聞いてくれます。

③介護サービスを利用する

認知症になったら日帰りサービス（入浴、食事、介護など）を受けてください。

④食事、家事など代行を利用する

昼夕食の宅配サービスや風呂掃除、庭の草むしりなど家事代行を利用してください。

⑤見守りサービスを利用する

自宅にセンサーを設置して、一定時間動きがないと異常と判断してかけつけてくれるサービスです。警備会社が運営しています。

⑥成年後見人に依頼する

成年後見人制度は、認知症などにより判断能力が不十分とされたとき、本人に代わり銀行手続き、介護施設入居手続き、不動産売却、財産管理、遺産分割協議など支援する制度です。家庭裁判所に申し出て選任されます。

一人暮らしがもう無理と考えたら介護施設に入居してください。高齢者の多くは年金と貯蓄で施設入居は可能です。少し不足するなら子供にお願いしましょう。

家族も親族もおらず、お金もない人は、生活保護の申請をしてください。命を大切にして少しでも長生きしていただきたいです。

3　孤独を楽しめ、なるべく外出しよう

配偶者に先立たれた一人暮らしは寂しく、日々この先どうやって暮らせばよいか悩みます。でもいつまでも家にいてボーっと過ごすことはやめてください。外出してください。

(1)　なるべく外出しよう

①趣味をみつけて仲間と楽しむ

自分の親の介護、夫や夫の親の介護をして看取った人はやっと自分に自由な時間を与えられたのです。この自由な時間を趣味友と存分に楽しんでください。

②天気の良い日は散歩しよう

公園、名所旧跡、商業施設などに出掛けましょう。決まったコースを決めず気分で決めて散策してください。

③地域のボランティアに参加する

健康で人の世話をしてあげたいという人は、社会福祉協議会のボランティア活動などをしてみましょう。奉仕することで喜びもあります。

④一人旅に出掛けよう

今はお一人様旅行がたくさん企画されています。今まで行ってみたいと思っていた場所に出掛けましょう。新しい発見や感動を得られます。旅友もできます。

(2) 孤独は寂しくない、自由を与えられたのだ

孤独は寂しくないと考えましょう。現在730万人超の高齢者が一人暮らしでがんばっています。配偶者に先立たれた人、離婚した人、生涯独身の人たちです。それぞれがんばって過ごしています。

一人暮らしはあなたに与えられた自由な時間です。のんびりでよいのです。無理をしなくてよいのです。好きなように食べたり、見たり聞いたりして大いに老後を楽しんでください。

第10章　終活は元気なうちに

1　老前整理は必要なものだけ残せ

老前整理は定年退職した人はまだ早いです。男女共70歳になったら考えたいです。健康寿命が男性73歳、女性75歳ですから。

(1)　老前整理の必要性

①死後残された家族に迷惑をかけない

親が亡くなったのち、遺品をみてこんな不要なものが残されていると思われます。

②体力的に元気なうちに整理しておく

認知症になったら無理です。元気なうちに整理しましょう。

(2)　老前整理は必要なものだけ残す

①仕事関係のもの

夫婦共働き家庭では夫婦とも仕事で思い出の資料はある。コンパクトにまとめる。

②アルバム、日記、手帳、ビデオなど

家族の成長記録のアルバム、ビデオは残す。日記、手紙などは本人が決める。

③衣類関係

洋服入れの容量で決める。特に女性は男性より多いので話し合って決めてください。

④図書類

収納スペースで決める。スペースが足りないなら思い切って処分してください。

⑤趣味のもの

お互いに老後の楽しみです。スペースを工夫して残すようにする。

⑥子供部屋のもの

子供が帰ってくる家庭ではそのまま残す。処分したいなら子供の了解を得る。

老前整理は一気にやる必要はないです。少しずつ思い出を込めて整理してください。

2　子供には財産より生きる智力を残せ

本テーマは子供に財産を多く残さなくても生きていくために必要な智力を残してほしいと考えたテーマです。「智力」とは広辞苑では智恵のはたらきと書かれています。私は生きるために必要な知識、能力と考えます。

(1)　日本の相続税は世界一高い

2018年の主要国の相続税率をみると

(国別)	(最低税率)	(最高税率)	(税率の段階)
・日　本	10%	55%	8段階
・アメリカ	18%	40%	12段階
・イギリス	40%	40%	一律
・ドイツ	7%	30%	7段階
・フランス	5%	45%	7段階

アメリカは遺産25・2億円以下は課税されません。また、相続税のない国は、中国、カナダ、オーストラリア、ニュージーランド、シンガポール、スウェーデンなどです。日本の相続税は国の予算の貴重な財源と遺産を相続した人は労せず財産を得るため、富の格差を少なくしようと考えたからでしょう。相続税のない国は別の財源があるため、本人が働いた財産は自由に使ってよいと考えている。日本では大富豪でも三代目の遺産はほんの少しになる仕組みです。

(2) 子供の将来の夢は尊重しよう

子供が小学生、中学生に将来の夢をいろいろ考える。サッカー選手、野球選手、教師、看護師、医師、漫画家、歌手、ピアニストなどさまざまです。高校生になると具体的なことを親に相談する。進路を決めることになります。親は子供の夢を尊重してほしい。頭からその職業はダメといわず、アドバイスをしてなるべく夢の実現のため応援してください。世の中の動向は5年先、10年先きを読めません。

(3) 子供には財産より生きる智力を残す子育て

親は夏休み、冬休みに旅行を計画し子供にいろいろ幅広い経験をさせたいと考えています。その中には危険な場面に出会うこともあるでしょう。中国の諺に「虎の子育て崖から落とす」という子育てに荒わざをすると言われています。まさに生きるために自力で崖から這い登ってくる気力、体力をつけさせたいと願っているからです。ぬくぬくとした生活の中ではつちかわれない厳しい現実に立ち向っていく場面を意図的に親は設定し子供を強く育てようしています。

子育ての大事なことは、世の中はそんなに甘くないこと。そのためには生き抜く力が必要。どんな境遇になろうともくじけず生きていこうというど根性を身につけさせることです。莫大な財産を残すより生きる智力を養って社会に送り出すのは親の役目の一つと考えています。

3　田舎の墓じまいは早いほうがよい

日本は少子高齢化が非常に早くやってきた。また、地方の若人が都会に働きに行きそのまま定住しています。地方の過疎化が進み先祖代々のお墓を守ることが困難になります。このため墓じまいが起きています。墓じまいとは今あるお墓を解体し別の方法で別の場所に供養することです。

(1)　田舎の墓じまいの問題点

お墓を守る人がいないことが原因です。元気なうちは年に数回帰省していたが、高齢になると病気などで帰省できない。それで墓じまいを考える。問題点は次のようです。

①墓じまいのため寺院へ離檀料を払う
　寺院の格にもよるが高額を支払う。
②墓石撤去料を払う
　敷地を更地にして寺院に返すため払う。
③移転先での埋葬費用がかかる

今住んでいる場所の埋葬費用が必要。

(2) 最近の埋葬方法の変化

日本全体の死亡者は２００８年１１４万人でしたが、２０４０年には１６８万人と予測されています。都市部には公営墓地は財政難で増設ができない。

終活関係サービスを提供している鎌倉新書の調査「購入した墓の種類」（２０２２年）をみると、一位樹木葬41・5％、二位一般墓25・8％、三位納骨堂23・4％で4年間順位は変っていません。残された家族に先祖代々の墓を受け継がせるには経済的負担など多様な埋葬方法を考えるようになりました。右以外でも永代供養墓、海洋散骨などもあります。墓じまいをすることは、今いる場所でどう先祖代々の霊を供養するかです。よく調査して埋葬方法を考えてください。

4　古い自宅は自分の代で決めて伝えよ

今回のテーマは空き家になっている自宅をどうするかでなく、今住んでいる自宅を相続でもめないために、自宅をどうするかです。相続財産が自宅と預貯金のみの人が多いです。現在の住宅は築30年でもまだリフォームすれば使用できます。

古い自宅をどう相続させるかは、子供が何人いるか、どこに住んでいるかなどで考え方も変わると思います。想定されるいくつかを考えてみます。

①子供に住んでもらう

子供と同居していればそのまま住んでもらうとよいです。遠方の賃貸住宅に住んでいても会社への通勤時間が少し長くなるがリフォームすれば住むことができます。本人の意向を確認してください。

②賃貸住宅にする

自宅をリフォームして賃貸住宅にする。相続人の副収入になります。

③駐車場にする

コインパーキング、月額パーキングにする。駅近なら駐輪場にする。利用者がいるかどうかを調べる。近くにマンション、アパート、公的施設などあるかどうかです。

④解体して更地にする

相続人が複数人いて自宅を売却しないと相続人が合意できないときは、現金化して相続人に分割する。

⑤配偶者居住権を設定してそのまま住む

2020年4月から民法改正で配偶者居住権が新設。配偶者居住権とは、夫婦の一方が亡くなった場合、残された配偶者が亡くなった人が所有している建物に居住できる権利です。夫が所有権があれば妻はそのまま住み続けられます。

相続でもめないため、古い自宅をどうするのか自分の代で決めて子供に伝えてください。

第11章　老後の心得十訓

私は75歳のとき舌がんになり、手術、放射線治療をして命をもう一度大切にせよと実感しました。人はいつ、どんなことで命を失なうかわからないことの危機を感じました。本章は高齢になって残された歳月はそんなに長くないが、人として老後をどのように生きる心得を持つべきか。その問いに対する正解はありませんが、こうすればその問いに近づけるかを考え「老後の心得十訓」といたしました。皆さまもいろいろ考えてお過ごしください。

1 老いと病を受け入れよう

現在世界一の長寿はフランス人の女性でジャンヌ・カルマンさんです。チョコレートが大好きで100歳まで自転車に乗っていました。最期は老人ホームで過ごして122歳で亡くなりました。老いと病気には何らかの因果関係があります。

(1) 高齢になると知的能力、判断力、身体機能が老化する

一般的には、生理機能などの衰退、遺伝的要因、日常生活のストレスなどいくつもの要

因による適応力の低下で老化が起きると考えられています。40代頃から老化が進むと考えられていますが、個人差があります。例えば足腰が痛む、人の名前や物の名前などの物忘れが多くなる。細かい文字が読めないなど老化の始まりです。その後症状がいろいろとでてきます。多くの高齢者は認知症、がんなどの病気と向き合うことになります。

(2) 老いも病も受け入れ悪しき生活習慣を見直す

自分は若いと自認する高齢者にたくさん出会います。彼ら彼女らは自分を鍛えるために努力し実年齢より10歳以上若々しく日々活動しています。しかしそれらにも限界があります。自分の体の不調に気づいた時には医師に相談し素直にそれを受け入れなくてはなりません。そして前向きに生きる工夫をしなければなりません。

長生きする薬はありません。老後は悪しき生活習慣と思う食事（アルコール、タバコ含む）などを見直し、適度な運動を取り入れながら老いと病を受け入れていきましょう。

2 他人と比べるな、比べると自分がみじめになる

(1) 人は他人と比べることが常にある

人間には年齢に関係なく他人と比べる習性がある。高齢になってもやはりある。

①夫から優しさが伝わらない。わがままで自分勝手で怒ることが多い。それに比べると、隣のご主人の品の良さ、親切な人柄など奥さんが羨《うらや》ましい（夫の品定めの不満）。

②親戚の子は皆結婚しているのに、息子は40歳になっても一人暮らしで自由に暮らしている（息子が結婚しない不満）。

③同年齢の友人がずっと若くみえる。私はふけてみえてはずかしい（容姿への不満）。

④一年後輩の彼が立派なマイホームを建て、年一回海外旅行に出掛けている（後輩の生活が羨しい）。

右のようなことはよくみられることです。

(2) 他人と比べると自分がみじめになる

自分の周りの人の暮らし振りや性格、行動などを比べると自分に負い目がみつかる。これは自分とある人の一部分を比べたからです。その人の全てを知らずに判断した結果です。他人と比べてしまう反動で自分が不幸せになったのはあの人のせいだと転嫁してしまうことも起きます。

①隣人夫婦の内面はわかりませんが、隣の庭はきれいにみえるだけかも。
②息子の結婚で親の介入はやめたほうがよい。息子の一生は息子が自由に選択できる。
③自分の容姿を気にする女性は自分の内面の美しさに気づいていないかもしれない。
④一年後輩の彼の現実をあなたが知らないだけ。人と比べると自分がみじめになるだけ。

羨んだり、落胆したりするだけ。自分には自分の生き方があると自信を持って歩いてみませんか。

3　つき合いはほどほどでよい

定年退職した高齢者は、儀礼的なつき合いは止めて、心の通じる相手を選んでつき合いましょう。

(1)　お中元、お歳暮

①会社に勤務していた時お世話になった社長、役員、上司などへのお中元、お歳暮は止める。当時は勤務上必要であったが退職したので必要はない（相手も理解します）。

②親戚へのお中元、お歳暮は高額な品にせず安価な品に変更。年金生活で節約する。

(2)　年賀状

最近は年賀状を送らずスマートフォンで年始の挨拶を済ます人が多い。あなたが一人ずつ年賀状を書くのが大変ならスマートフォンにするとよいです。私も印刷してひと言書いていましたが、友人が亡くなったり、70歳になったので止めますとの申し出があり急に枚数が少なくなり淋しくなりました。

(3) OB会、同窓会

出身学校のOB会、同窓会や勤務していた会社のOB会などは体調に不安がないなら出席してください。私は75歳で舌がんになり舌半分で味覚の関係で食べるものが少なく、お酒もダメなので止めました。

(4) 葬儀

高齢者ですので健康不安があれば止めましょう。後日遺族にお悔やみを述べるとよいです。高齢だからしかたがないと理解してくれます。つき合いはほどほどでよいと思います。

4　気は長く持て、時間はまだある

高齢になるといろいろと不安や不満が多くなります。ゆったりした気分で物事に対処するとリラックス効果が表れ良い方向に進みます。あわてずじっくりかまえる心が解決の糸口をみつけることになります。

①病気への不安

夫が認知症と診断された。自宅でどうやって介護すればよいか。

②生活費の不安

年金生活に入り毎月2万円赤字。貯蓄を取りくずしているが貯金がなくなったら。

③夫婦の不仲の不安と不満

夫が定年で毎日家にいる。ストレスがたまり血圧が高く通院中。

右のようなことは定年を迎えた家庭で起きる。心に余裕を持ち覚悟をし不安を取り除くには気を長く持つことが大切です。

(1)　病気から逃げず最善の方法を考える

がんは2人に1人罹患する。認知症は5人に1人の確率がある。夫婦で悩んでも良くならない。医師や自治体に相談すると最善の策を教えてくれます。

(2) 家計の節約術に夫婦の会話が必要

妻だけ節約しても解決しない。夫婦で話し合いどこを削るか考えてみると良い知恵が浮かぶ。

(3) 定年後の夫婦の過ごし方を点検する

夫に外出をすすめ趣味の会など紹介して充実した一日を過ごせるよう妻からのアドバイスも有効です。長い目でみて夫の良い所を確認する機会でもあります。老後の不安や不満を上手に乗り切りましょう。気は長く持ってください。時間はまだあります。

5　くじけるな、人生には思いどおりにならないことが起こる

(1)　人生にはいつ予測不能な事故に遭遇するかわからない

①地震、台風などの自然災害

１９２３（大正12）年、関東大震災で10万５０００人、１９９５（平成７）年、阪神大震災で６４３７人、２０１１（平成23）年、東日本大震災で1万８４２５人の死者、行方不明者が公表されています。地震予知はまだ確実な予測はできないといわれている。台風の予測はできたが、それでも毎年多くの人命が亡くなっています。

②自動車などの交通事故

高齢者が横断歩道を正しく歩いていても、自動車、トラックなどで死亡する。これらはいつ自分自身が危険に遭遇するかわからない予測不能な事故です。

(2)　くじけてはいけない、あきらめたら敗けだ

現在の地震予測は南海トラフ巨大地震は30年以内にM８～７クラスが70～80％発生す

る。首都直下型地震はM７クラスが30年以内に発生する予測まで公表されています。自分の住む地域ではどういう災害が発生するか確認をし、それに備えるため家族とよく話し合っておく必要があります。

自動車などの交通事故は、自分が正しい行動をしても事故は起きます。加害者には金銭的補償はできるが命を失なった心の痛みはいつまでも残ります。家族や友人の助けを求めてください。くじけてはいけません。ここで人生を終わらせてはいけません。残された余生を一日でも長く生きてほしいです。自身の心をなぐさめることを考えましょう。人生には思いどおりにならないことが起きますが決してくじけないでください。

6　欲を持たないと枯れていく

(1)　明日への夢を持ち続けよう

①介護職員になって福祉の現場へ

50歳のとき父を亡くした。父は認知症になり最期は糖尿病で死亡。私は遠方で働いていたので介護ができなかった。定年前に介護福祉士の資格を取り介護現場で働きたい。

②夫婦でヨーロッパ旅行のため貯金中

私たち夫婦は食堂を経営中。働きづめで子供が自立したらヨーロッパ旅行に行くため貯金中。今は写真で楽しんでいます。

③50代で始めた俳句、夢は句集出版

趣味がない私が俳句に興味を持ったのは50代。俳句は四季折々を17文字で表現する。将来句集を出版したいと楽しんでいる。

(2) 生きる力は欲を持たないと枯れていく

老後をどう生きるかは定年後の暮らし方で個人差がでます。食事や運動などの生活習慣も影響はありますが、その人に夢があるか、欲があるかでも大きな差がでます。欲を持つと生きがいになり楽しみにもなります。

前述の事例をみると

①父の死に子供として介護の世話（親孝行）をしなかったことを悔やんでいます。定年前に資格を取り人の世話をしたいと思っています。

②夫婦で苦労して食堂で働きづくめ。旅行など出掛けられなった夫婦は一生の夢である美しい歴史のあるヨーロッパ旅行を目標に貯蓄に励んでいます。

③俳句というすばらしい趣味に出会う。句集出版という大きな夢に向っている。

老後はどなたも体力が弱ってきます。老後を健やかに生きるためにも生きがいを見つけましょう。なにかを目標に前に向っていきましょう。欲を持たないと枯れていきます。

7　くよくよ悩むな、明日は良いことがあるとプラスに考えよ

高齢になると認知症やがんの病気に多くの人が罹患します。ひざ、足、腰痛などで日常生活に不便なことも多くなります。年金が少ないため厳しい生活をしている人もいます。生きていくためにはいろいろな悩みを乗り越えていかなければなりません。くよくよ悩まずどうすれば前向きに生きていけるか考えてみましょう。

(1)　高齢者の日常生活は悩みが多い

①ひざがいつも痛い、買物、通院が辛い
長く歩くとひざが痛い。買物、掃除、通院、旅行などできなくなったらと悩んでいる。
②がん手術後5年目、いつ再発、転移するか不安
大腸がん手術で5年経過、再発、転移がいつあるかいつもビクビクしている。
③まじめに一人暮らしをしてきたが、金もなく友人もいない
コツコツ正直に生きてきたのに、貧しく親友もいない。なぜこうなったか悩む。

(2) 明日は良いことがあるとプラスに考える

①現実を受入れ最良の方法を考える

事例①のひざ痛などの痛みを持つ人は、ひどくなると日常生活に支障をきたします。整形外科医の指示に従い軽い運動などを続けることで寝たきりを回避できます。完治は難しいようですが適切なリハビリを続けてください。

②今日を大事に生きる

〝がんになったら不治の病気だから人生は終わり〟と諦めないでください。既述しましたが、がんの10年平均生存率は約6割で、大腸がんは約7割です。ビクビク過ごすより今日どうやって楽しく悔いなく過ごすかを考えてください。

③人に助けを求め明日は良いことがあると考える

一人暮らしでまじめに一生懸命努力しても報いられない人は大勢います。世の中が不景気で働く場所、求職がなかなかみつからない。入社した会社の役員が不正をしたため倒産したなど他者の動向で不運な道を歩くこともあります。高齢になって生活が苦しい、病気になって治療費が不足するなどのときは自治体に相談してください。いろいろな支援が用意されています。

人生の後半にさまざまな原因で苦しみ悩むことは受け入れなければなりません。くよくよ悩まずどうすればよいかを考えましょう。明日になると良いことがあるとプラスに考えて生きてください。社会はあなたを見離すことは決してしません。

8　見栄を張るな、自分の力量を知ろう

(1)　高齢者が見栄を張るとはどういうことか

人はときどき人前で見栄を張ることがあります。それは他人から良くみてもらいたい、あの人は立派な人だなどと思われたい心情があるためです。

①プライドが高い
　自分の意見は正しいと他人の意見を無視する。孤立することがあります。

②ブランド品を好む
　裕福なふりをして高価なものを人に見せびらかす。年齢にふさわしくない身なりをしたがる。

③人から注目されたい
　人より上位であるといつも思われたい。人より目立ちたがりな行動をとる。

④金持ちでないのに気前よくおごる
　お金持ちでないのに気前よくごちそうしたり、会費を人より多く出したりする。

(2) 身の丈に見合った生き方をする

他人と比べず身の丈に合う生き方をする。年金生活で苦しいならば人前で気前よくおごることは不要。知っている人なら心の中で笑っています。また、服装なども高齢者らしい身の丈に合うものにする。人より派手なものを身につけて見せたがる人がいますが、賢者からは見透かされています。

(3) 自分の力量を知り自信を持って生きる

高齢者には高齢者らしい生き方をしてほしいです。定年後年金生活者ならば自分の力量を知って行動してください。自分の力量を知ればみだりに人前で見栄を張ることはしません。自分の生き方に自信を持って生きている人は活力があり前向きな考えの持ち主です。

9　幸せとは財産の多少でなくその人の生き方で決まる

(1)　幸せの考え方は一人ひとり異なる

イ　思い出が幸せと感じる

①孫の七五三に両家の祖父母が出席

東京に住んでいる孫の七五三に神奈川県と埼玉県の祖父母が出席し祝う。

②結婚50年目に新婚旅行の宿に再び泊る

当時は貧しかったので一泊二日、今回は再び同じ旅館で二泊しゆっくり楽しむ。

③還暦に田舎の中3のクラス会に出席

担任の先生が亡くなったが、12名と再会できた。

ロ　親の生き方に幸せと感じる

①亡父の農業を引継ぎ苦労を理解

荒地を耕作地にした亡父の農地を新農法で販路拡大と農地拡大に父を理解できた。

(2) 幸せとは財産の多少でなくそれぞれの生き方で決まる

幸せとはどういうことをいうのでしょうか。人によっては「お金に不自由しない暮らし」「大病にならず90歳まで生きたい」などお金や健康のことをあげる人もいます。また、家族のこと夫婦のことなどをあげる人が多いと思います。健やかに子供が成長し無事成人式を迎えた日は本人はもちろんのことですが、両親は苦労して育てここまで成長したわが子の姿を幸せと感じます。小学校一年生の入学式も同じ幸せな日でした。

幸せとはその人に喜びがあったり、嬉しさがあったり、楽しさがあったり、感動があったときに感じる心の叫びのようなことではないでしょうか。幸せは一人ひとりの考え方、生き方で決められる主観的なものです。自分の考えで決められるものです。高齢者の皆さまにたくさんの幸せがやってきますことを願っています。

10　自分を誉《ほ》め、お別れに感謝の言葉を

(1)　あなたはがんばりました、自分を誉めましょう

人は必ず老いていつか死を迎えます。人の一生はさまざまなできごとが起きます。幼児期、学齢期は親や学校の一定のルールで管理されます。就職すると就職先でのルールにより懸命に働き収入を得て、自分の考える生活環境が可能になります。どんな生き方も自分で自由にデザインすることができるようになります。その生きる途中に苦しいこと、悲しいこともあり少しだけときどき楽しいこと、喜びもあります。これが人生です。自分をよくがんばったと誉めてあげましょう。

(2)　お別れに感謝の言葉を述べましょう

おそらく多くの高齢者は介護施設にお世話になっています。少しずつ体力が弱くなりなんらかの病気を発症します。また、別の高齢者は終末期の緩和ケア病棟で治療を受けそろそろ自分の限界を知る時、身近な人にお別れをしましょう。

自分が今日まで暮らしてきて、お世話になった方々に感謝の言葉を述べましょう。

①配偶者には結婚してからさまざまなできごとを思いながら、自分を支えてくれたこと、迷惑をかけたことを詫びるとともに感謝の言葉を述べましょう。

②子供には自分のやりたいことをやりなさいと伝え、世話をしてくれたことを感謝する。

③孫には目標を立ててがんばれと励ます。

④親族、友人にはたくさんの励ましをしてくれたことに感謝を述べましょう。

お別れを述べるときは自分で話せるときがよいです。どうしても話せないときは手紙で伝えてください。

おわりに

内閣府が5年毎に「高齢者の生活と意識に関する国際比較調査」を実施し、２０２０年は9回目となりました。この調査は日本、アメリカ、ドイツ、スウェーデンの４ヵ国の60歳以上の人を対象とした調査です。各国の60歳以上の人に現在の生活に満足しているかをたずねたところ「満足している」と「まあ満足している」を合わせた割合は、日本は最下位の81・6％でした。1位アメリカ94・6％、2位スウェーデン92・2％、3位ドイツ91・6％でした。私は舌がんになりましたが「満足している」と答えます。多くのやりたいことはやったと感じています。

自分が幸せかどうかは人と比べるものではないと考えています。人と比べると、自分が不幸せに感じたり、落胆したり、嫉妬《しっと》したりします。さらに自分がこうなったのは親のせいだ、夫、妻のせいだと責任を転嫁してしまいます。

あなたの人生はあなたが自分で決めて歩いてきた道です。どんなに苦しく厳しい人生でも人のせいにせず満足できる道を歩いてください。誰にでも心豊かに生きる人生は与えられています。さあ頂上をめざして元気に一歩ずつ登ってください。

本書が皆さまに少しでもお役に立てれば嬉しいです。

本書の完成には今回も妻輝子には原稿の添削と私の古い考えを改める貴重な助言をいただきありがとうございました。

なお、本書の出版には東洋出版株式会社田辺修三社長、編集者鈴木浩子さんには初出版に続きチャンスを与えていただき適切な御指導を賜わり厚く御礼申上げます。

[著者] 岡野《おかの》 誠一《せいいち》「老後の生き方を考える」出前講座代表

1942年中国上海市で生まれる。

明治大学卒。元国家公務員、科学技術庁、航空宇宙技術研究所、地球科学技術総合推進機構勤務。

2013年4月勲章（瑞宝双光章）受賞。

72歳から明治大学で社会人学生として2年間学ぶ。

現在「老後の生き方を考える」出前講座を各地で活動中。

埼玉県川越市在住。

【著書】
『百歳は夢でないーこうすれば近づける88のヒント』（東洋出版）
『悩みとさよならするために』（幻冬舎）

幸《しあわ》せをつかむ60代《だい》からの生《い》き方《かた》

著　者　岡野誠一《おかのせいいち》

発行日　2023年2月1日　第1刷発行

発行者　田辺修三
発行所　東洋出版株式会社
〒112-0014　東京都文京区関口1-23-6
電話　03-5261-1004（代）
振替　00110-2-175030
http://www.toyo-shuppan.com/

印刷・製本　日本ハイコム株式会社

ISBN 978-4-8096-8676-4
定価はカバーに表示してあります
ISO14001取得工場で印刷しました